CHRISTOPHER HART
CARTOONS LEICHTGEMACHT

Hunde, Welpen und Wölfe

Für jeden, der gerne zeichnet

EVERGREEN is an imprint of TASCHEN GmbH

© für diese Ausgabe:
2001 TASCHEN GmbH
Hohenzollernring 53
D–50672 Köln

Text and illustrations copyright © 1998 Christopher Hart

Originaltitel: How To Draw Cartoon Dogs, Puppies & Wolves
Originally published in the United States in 1998 by
Watson-Guptill Publications,
a division of BPI Communications, Inc.,
770 Broadway, New York, NY 10003, United States of America

Übersetzung aus dem Englischen: Verena Blum für akapit Verlagsservice
Redaktion und Satz der deutschen Ausgabe: akapit Verlagsservice Berlin – Saarbrücken
Umschlaggestaltung: Catinka Keul, Köln

Printed in Italy

ISBN 3–8228–5705–X

INHALT

Einführung 5

Grundlagen 6

ZEICHNEN DES KOPFES

DREHEN DES KOPFES

GESICHTSAUSDRÜCKE

DIE OHREN

ZEICHNEN DES KÖRPERS – SEITENANSICHT

DREIVIERTEL-ANSICHT

DIE SCHWIERIGE VORDERANSICHT

Hunderassen 14

COCKERSPANIEL

KLASSISCHER TERRIER

CHOW CHOW

COLLIE

DOBERMANN

DOGGE

MASTIFF

DEUTSCHER SCHÄFERHUND

BERNHARDINER

MALTESER

CHIHUAHUA

BULLDOGGE: CHEF DER BÖSEN JUNGS IM CARTOON

BOBTAIL

EXOTEN

Der Körperbau und mehr 28

DIE GELENKE BEIM HUND

MIT HILFE DES SKELETTS UMRISSE VERSTEHEN

DER KNOCHENAUFBAU

WIE EIN HUND GEHT

WIE EIN HUND LÄUFT

REALISTISCHER LAUF VS. CARTOONLAUF

DRÜCKEN UND STRECKEN

FLIESSENDE LINIEN

DIE HANDLUNGSLINIE

DER VERLAUF DER WIRBELSÄULE

Welpen 40

DIE SITZPOSITION

DER LAUFENDE WELPE

VERSCHIEDENE WELPEN

BABYHUNDE ZEICHNEN

MISCHLINGE

Wölfe 48

DAS KNURREN

DER WOLF IM WINTER

DER NIEDERTRÄCHTIGE WOLF

DER RÄUDIGE WOLF

DER STEHENDE WOLF

Und nun einige verrückte Figuren! 56

DER MENSCHLICHEN HALTUNG ANGEPASST

KLEIDUNG

ACCESSOIRES UND KLEIDUNGSSTÜCKE

FRISUR & MAKE-UP

FRISUREN

ZEICHNEN UND KORRIGIEREN

JUNGEN UND MÄDCHEN

Register 64

EINFÜHRUNG

Hunde, Welpen und Wölfe sind in Cartoons, Comics und Trickfilmen sehr beliebt. Ein Karikaturist, der Hunde, Welpen und Wölfe überzeugend zeichnen kann, ist der Konkurrenz ein Stück voraus.

Dieses Buch beschreibt die beliebtesten Hunderassen sowie Mischlinge, Welpen, Wölfe und witzige Figuren. Du wirst viel Spaß damit haben, deine Lieblingshunde in den klassischen Posen zu zeichnen. Außerdem lernst du, Bewegungen und Gesichtsausdrücke zu zeichnen und deine eigenen Figuren zu entwerfen. Ich zeige dir, wie Hunde gehen und laufen, und zwar mit einer Technik, mit der du dir leicht die richtige Abfolge der Fußstellungen merken kannst – ein Muss für jeden, der sich für Karikaturen interessiert. Wie willst du einen gehenden oder laufenden Hund (oder Welpen oder Wolf) zeichnen, ohne zu wissen, wo die Füße hingehören? Du kannst es zwar stundenlang versuchen, wenn es aber für das Tier körperlich unmöglich ist, so zu laufen, hast du deine Zeit verschwendet.

Ich begann meine Laufbahn in einem kleinen Trickfilmstudio in Südkalifornien. Noch bevor ich den Bleistift anspitzen konnte, bat mich der Produzent, einen Hund für eine Fernsehwerbung zu entwerfen. Zum Glück hatte ich ein paar selbst kreierte Mischlinge im Repertoire, aber kaum Ahnung von tierischer Anatomie. So tat ich, was jeder Anfänger getan hätte – ich entwarf einen Bobtail, der so haarig war, dass niemand erkennen konnte, ob die Struktur darunter in Ordnung war oder nicht. Er sah ganz gut aus; die Werbung wurde angenommen.

Aber du kannst nicht ewig etwas vortäuschen. Mit einem Dobermann hätte ich Probleme gehabt. Ich hätte ihn zu sehr karikiert und zu rund gezeichnet, um das Zeichnen des Körperbaus zu umgehen. Jedoch *muss* ein Dobermann im Gegensatz zum Bobtail mit scharfen Akzenten gezeichnet werden. Ist er zu rundlich, wirkt er nicht böse. Wenn du den Körper nicht richtig zeichnen kannst, unterdrückst du deine Kreativität. Die ganze Zeit überlegst du, wie du zum Beispiel die Beuge im Bein des Hundes überzeugend zeichnen kannst, während andere Zeichner, die den Körperbau des Hundes beherrschen, ihren Figuren bereits *Persönlichkeit* geben.

Du siehst bestimmt täglich Hunde, trotzdem wirst du vielleicht nicht wissen, wo der Hund eigentlich seinen Ellbogen hat. Viele sind sehr erstaunt, wenn ich ihnen zeige, wo sich die Ferse beim Hund befindet. Wenn du dieses Buch durchgearbeitet hast, wirst du das praktische Wissen haben, um Hunde, meisterhaft zeichnen zu können.

Nun noch einen Rat: Bitte pause nicht ab. Du wirst viel mehr lernen und behalten, wenn du mit freier Hand zeichnest. Fahrrad fährst du ja auch nicht gern mit Stützrädern, oder? Ich bin immer noch hier, um dir zu helfen, aber du wirst alles selbst machen, und das fühlt sich doch toll an, oder? Also spitz den Bleistift an, besorg dir Papier und lass uns anfangen.

GRUNDLAGEN

Als beliebtestes Haustier der Welt ist der Hund auch ein Lieblingsobjekt der Trickfilm- und Cartoonzeichner. Wenn du ein guter Cartoonzeichner sein willst, musst du wissen, wie man Hunde überzeugend zeichnet, und das setzt ein Grundverständnis des Körperbaus und der übrigen Merkmale eines Hundes voraus. Außer den Körper anatomisch korrekt zu zeichnen, musst du auch eine Vielzahl von Gesichtsausdrücken beherrschen, damit sich dein Cartoonhund deinem Publikum auch mitteilen kann.

Zeichnen des Kopfes

Trotz ihrer individuellen Unterschiede haben alle Hunde ohne Rücksicht auf die Rasse den Kopf- und Körperbau gemein. Durch das Üben dieser Grundschritte kannst du bald jeden Hund zeichnen. Fangen wir mit einer Rasse an, die eine typische Kopfform hat – der beliebte Dalmatiner.

1. Beginne mit einem Kreis. Die Hilfslinien in dem Kreis helfen dir, ihn als dreidimensionale Kugel wahrzunehmen. Die horizontale Linie ist nach unten gebogen. Darauf liegen später die Augen. Die vertikale Linie ist die *Mittellinie*. Sie teilt das Gesicht in zwei Hälften.

2. Der Kopf besteht aus drei Teilen: dem Schädel, den Wangen (die in Cartoons übertrieben gezeichnet werden) und dem Kiefer.

3. Platziere jetzt die Augen auf der horizontalen Hilfslinie.

4. Der Nasenrücken beginnt oben im Gesicht – zwischen den Augen – und fällt nach vorn ab. Beachte, wie er sich verbreitert, je näher er auf dich zukommt.

5. Zeichne ein lächelndes Maul, das in die Wangen übergeht und Falten bildet. Der seitliche Kiefer lässt das Lächeln lebendig wirken.

6. Große Schlappohren und ein dicker Hals hauchen dem Dalmatiner Leben ein. Zähne im Unterkiefer wirken professionell.

7. Füge das Fellmuster hinzu und radiere für eine saubere Zeichnung deine Hilfslinien weg.

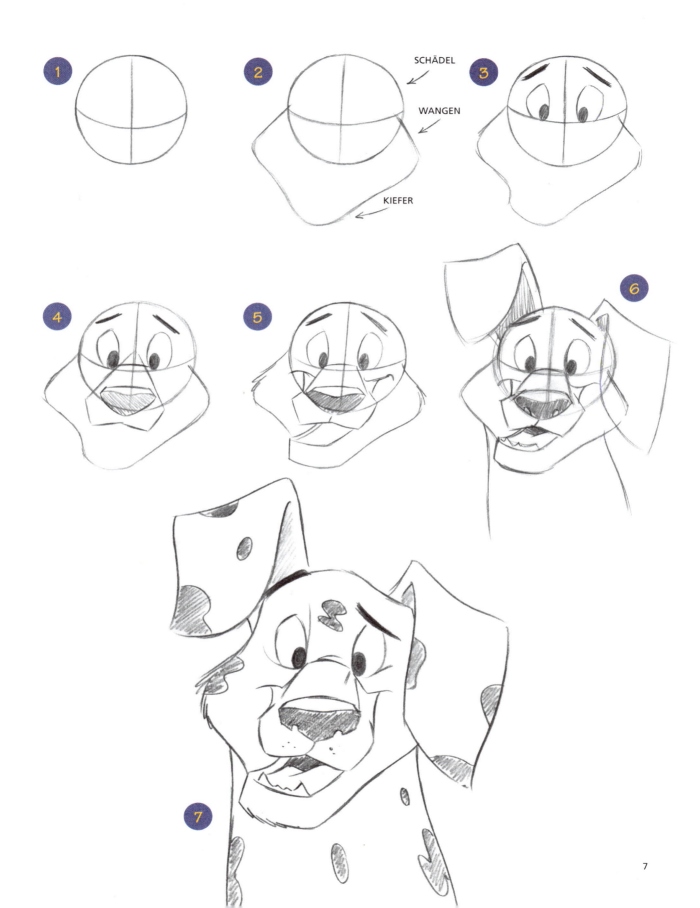

Drehen des Kopfes

Hier siehst du die beliebtesten Kopfhaltungen eines Cartoonhundes. Wenn es zu schwierig wird, fange wieder mit den Grundlagen an. Verwende ebensoviel Zeit für die Grundschritte wie für das Vervollständigen deiner Zeichnung.

VORDERANSICHT

SEITENANSICHT

DREIVIERTELANSICHT

Gesichtsausdrücke

Die meisten Zeichner nutzen für Gesichtsausdrücke nur das Maul und die Augenbrauen, obwohl man noch viel mehr daraus machen kann. Die Form der Augen verändert sich, abhängig davon, ob die Augenbrauen auf die Augen sinken oder hochgezogen werden. Am wichtigsten ist aber die Länge der Oberlippe, die sich dem Ausdruck entsprechend ändert. Beachte, wie kurz die Oberlippe bei glücklichen Gesichtern ist und wie lang sie bei überraschten, unglücklichen Ausdrücken wird. Außerdem kann der Mund zu einer Seite gezogen werden, was zusätzlichen Nachdruck verleiht. Du kannst je nach gewünschter Mimik Zähne hinzufügen, sie ganz weglassen oder sogar ihre Form verändern. Spitze Zähne wirken gut bei Wut, aber nicht bei sorgenvollen Gesichtern – sie sehen zu aggressiv aus.

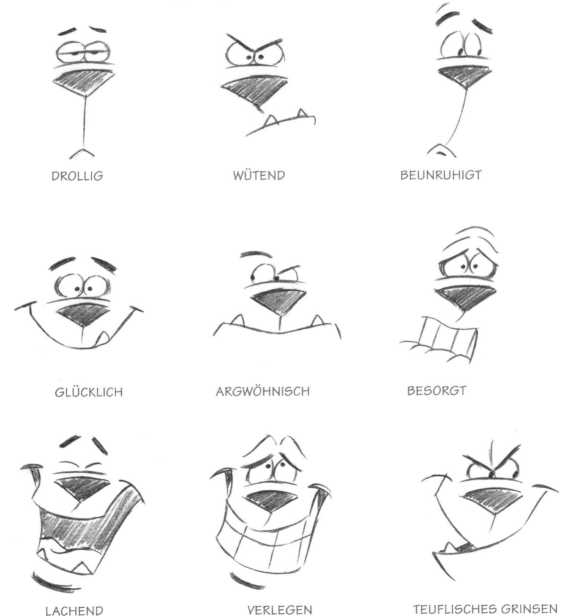

DROLLIG   WÜTEND   BEUNRUHIGT

GLÜCKLICH   ARGWÖHNISCH   BESORGT

LACHEND   VERLEGEN   TEUFLISCHES GRINSEN

Die Ohren

Die Ohren des Menschen befinden sich an der Seite des Kopfes, bei Hunden aber (wie bei den meisten Tieren) sitzen sie ziemlich weit oben und stehen in einem 45°-Winkel von der Seite des Kopfes ab.

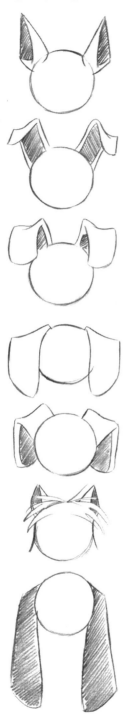

EINE AUSWAHL AN OHREN

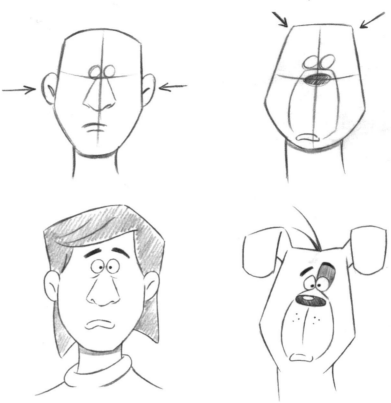

SCHLAPPOHREN

Schlappohren verleihen einem Hund Charme und Persönlichkeit. Die meisten Hundeohren klappen um – außer kurze dreieckige Ohren, die Terrier, Chow Chows, Deutsche Schäferhunde und einige andere Rassen haben. Das wichtigste bei Schlappohren ist, dass die *Ausgangslinie* des Ohrs mit der *äußeren* Ecke der Ohrfalte verbunden sein muss.

RICHTIG
Die Ausgangslinie des Ohrs ist mit der äußeren Ecke der Falte verbunden.

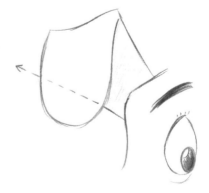

FALSCH
Die Ausgangslinie ist mit nichts verbunden; sie zeigt einfach in den Raum hinein.

Zeichnen des Körpers – Seitenansicht

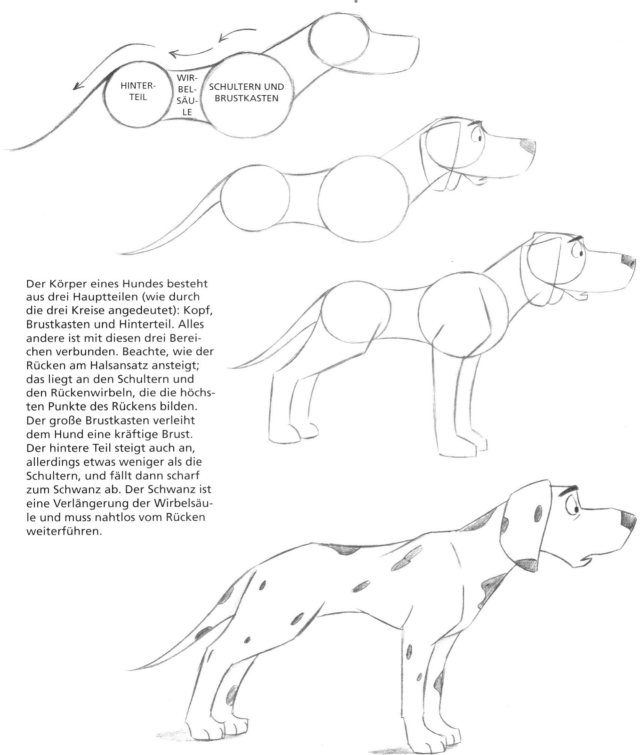

Der Körper eines Hundes besteht aus drei Hauptteilen (wie durch die drei Kreise angedeutet): Kopf, Brustkasten und Hinterteil. Alles andere ist mit diesen drei Bereichen verbunden. Beachte, wie der Rücken am Halsansatz ansteigt; das liegt an den Schultern und den Rückenwirbeln, die die höchsten Punkte des Rückens bilden. Der große Brustkasten verleiht dem Hund eine kräftige Brust. Der hintere Teil steigt auch an, allerdings etwas weniger als die Schultern, und fällt dann scharf zum Schwanz ab. Der Schwanz ist eine Verlängerung der Wirbelsäule und muss nahtlos vom Rücken weiterführen.

Deiviertel-Ansicht

Wegen der Perspektive erscheint der Brustkasten in dieser Körperhaltung *größer*, weil er näher zu dir weist. Der hintere Teil des Hundes erscheint kleiner, weil er weiter von dir weg ist.

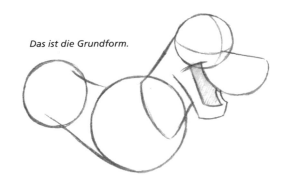

Das ist die Grundform.

Gib dem Gesicht einen bestimmten Ausdruck. Deute die Vorderbeine an.

Beachte, dass die Füße nicht rund sind, sondern Kanten haben. Ich habe die Kanten übertrieben gezeichnet, um dies zu verdeutlichen.

Wegen der Perspektive sind die Hinterbeine kürzer als die Vorderbeine.

Die schwierige Vorderansicht

Die Vorderansicht ist etwas verwirrend. In dieser Stellung sieht der Hund genau nach vorn in Richtung des Lesers. Eigentlich solltest du ihn so zeichnen, wie ich es im ersten Beispiel tat, doch, wie du siehst, macht das einen merkwürdigen Eindruck. Du solltest eine Pose von vorn *nie* so wie diese zeichnen. Sie sieht flach aus, und die aus dem Körper ragenden Beine wirken seltsam.

Die Trickzeichner „mogeln" bei dieser Ansicht. Dreh den Hund nur ein ganz klein wenig zur Seite, während sein Kopf weiter nach vorn sieht. Jetzt haben wir eine Körperhaltung, die realistischer aussieht. Die Schultern überlappen leicht die Rippen, und diese überschneiden leicht die Hüften, wodurch räumliche Tiefe geschaffen wird.

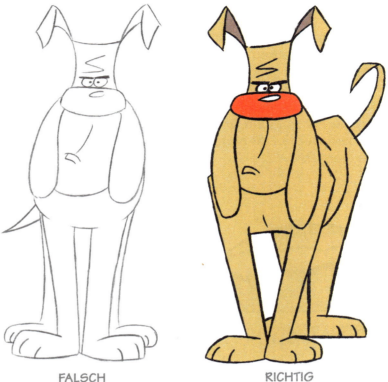

FALSCH   RICHTIG

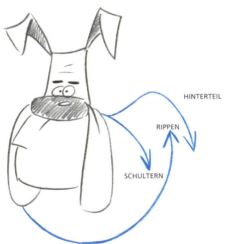

Beachte die sich überschneidenden Linien.

Beachte, dass die entferntere Schulter bei der Vorderansicht noch zu sehen ist. Wäre der Hund wie bei einer richtigen Dreiviertel-Ansicht weiter nach links gedreht, wäre die hintere Schulter verdeckt.

HUNDERASSEN

Hier siehst du die klassischen Rassen, die beliebten Hunde, die Leinwände und die Comicstrips in den Zeitungen beherrschen – ganz zu schweigen von den Gärten der Vorstädte. Die Informationen, die wir bereits mit dem Grundaufbau behandelt haben, werden dir helfen, auch diesen Abschnitt zu meistern.

Cockerspaniel

Dieser Cockerspaniel steckt gerade in einem moralischen Zwiespalt, aber es sieht nicht so aus, als würde der lange dauern. Während echte Hunde Essen meiden, das nicht auf Eiweiß basiert, werden Cartoonhunde meist geschildert, als hätten sie auf alles Appetit – besonders auf Nachtisch. Der Cockerspaniel wird am besten als treues Haustier und als Kinderfreund dargestellt, was ja auch stimmt. Er ist leicht zottelig, aber nicht ungekämmt. Diese Rasse ist genauso gerne im Garten wie in der Küche.

GRUND-STRUKTUR

Klassischer Terrier

Kleine Hunde können robust gebaut und ziemlich stämmig sein, zum Beispiel der Terrier. Der Hals ist verblüffend dick und muskulös. Der gedrungene kleine Körper hat kaum eine Taille, und die kurzen Beine halten den Körper gerade eben über dem Boden. Achte auf die unverwechselbaren dreieckigen Ohren. Er hat auch buschige Augenbrauen, ein buschiges Maul, ebenso buschige Vorder- und Hinterbeine und kleine Pfoten. Zeichne den Terrier unbedingt mit kleinen Zähnen im Unterkiefer – diese Hunderasse wurde früher einmal zur Jagd verwendet. Dann jedoch gewöhnten sich die Hunde an das bequeme Leben in einer Wohnung oder einem Haus.

Chow Chow

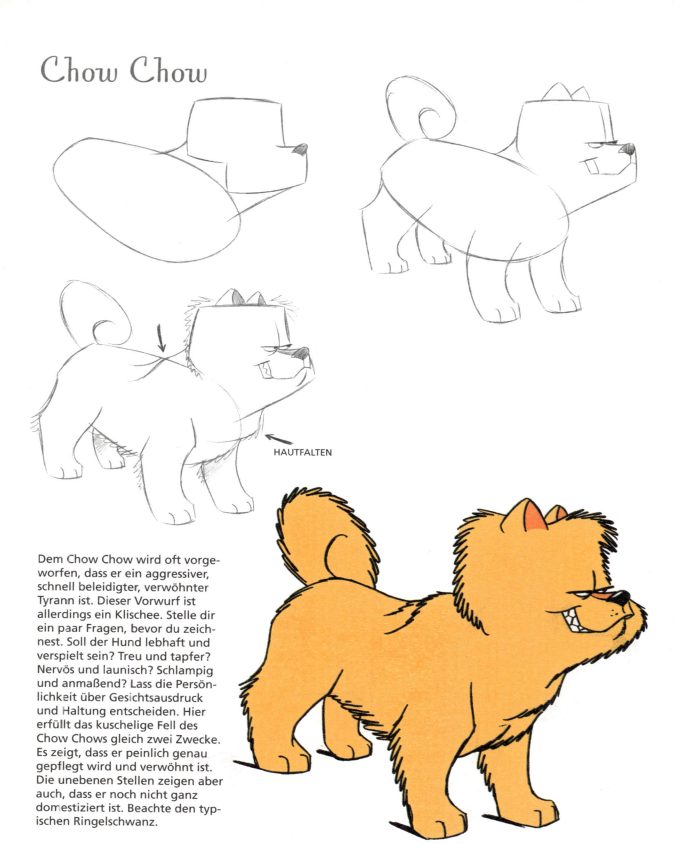

HAUTFALTEN

Dem Chow Chow wird oft vorgeworfen, dass er ein aggressiver, schnell beleidigter, verwöhnter Tyrann ist. Dieser Vorwurf ist allerdings ein Klischee. Stelle dir ein paar Fragen, bevor du zeichnest. Soll der Hund lebhaft und verspielt sein? Treu und tapfer? Nervös und launisch? Schlampig und anmaßend? Lass die Persönlichkeit über Gesichtsausdruck und Haltung entscheiden. Hier erfüllt das kuschelige Fell des Chow Chows gleich zwei Zwecke. Es zeigt, dass er peinlich genau gepflegt wird und verwöhnt ist. Die unebenen Stellen zeigen aber auch, dass er noch nicht ganz domestiziert ist. Beachte den typischen Ringelschwanz.

Collie

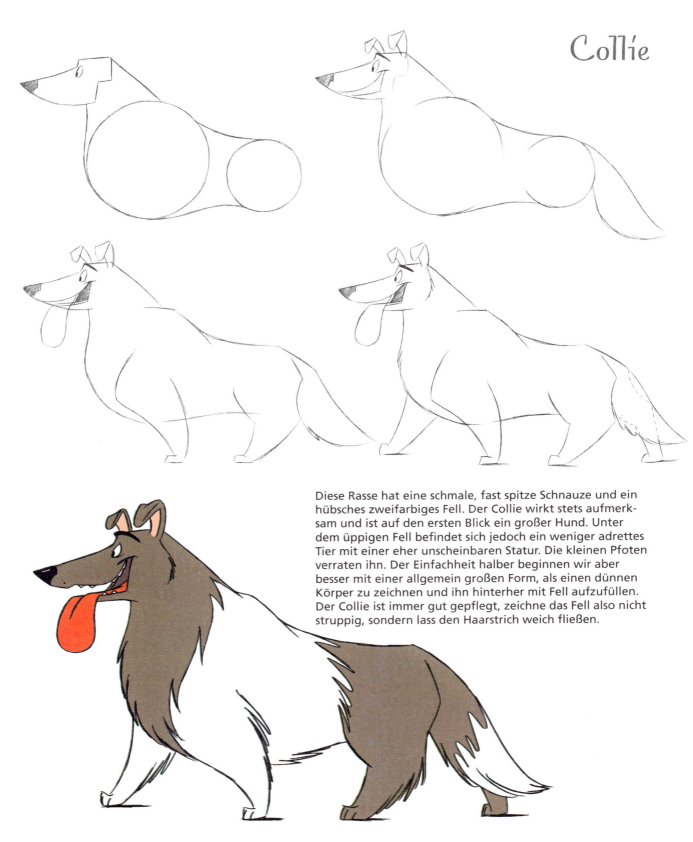

Diese Rasse hat eine schmale, fast spitze Schnauze und ein hübsches zweifarbiges Fell. Der Collie wirkt stets aufmerksam und ist auf den ersten Blick ein großer Hund. Unter dem üppigen Fell befindet sich jedoch ein weniger adrettes Tier mit einer eher unscheinbaren Statur. Die kleinen Pfoten verraten ihn. Der Einfachheit halber beginnen wir aber besser mit einer allgemein großen Form, als einen dünnen Körper zu zeichnen und ihn hinterher mit Fell aufzufüllen. Der Collie ist immer gut gepflegt, zeichne das Fell also nicht struppig, sondern lass den Haarstrich weich fließen.

Dobermann

Der Dobermann ist der Haifisch unter den Hunden. Sein großer Brustkasten und die schmalen Hüften verleihen ihm ein eckiges, hartes Aussehen. Der kleine Schädel, die kurze Stirn und der dicke muskulöse Hals lassen ihn bösartig wirken. Beachte den kurzen, kupierten Schwanz. Die Farbe ist immer rotbraun und schwarz oder einfach rotbraun. Ein rotbrauner Dobermann kann auch eine rote Nase haben.

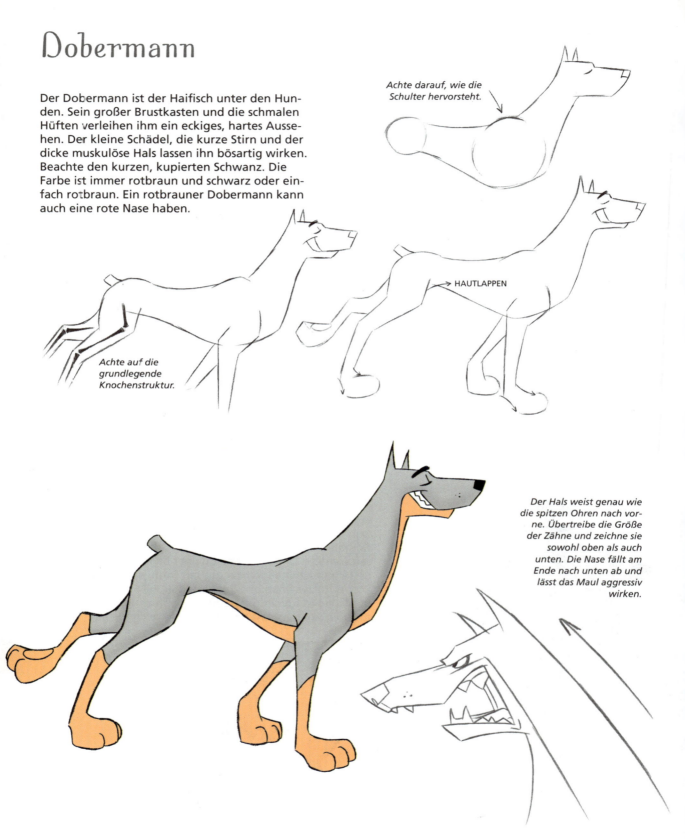

Achte darauf, wie die Schulter hervorsteht.

HAUTLAPPEN

Achte auf die grundlegende Knochenstruktur.

Der Hals weist genau wie die spitzen Ohren nach vorne. Übertreibe die Größe der Zähne und zeichne sie sowohl oben als auch unten. Die Nase fällt am Ende nach unten ab und lässt das Maul aggressiv wirken.

Dogge

Obwohl sie Furcht einflößend wirkt, spielt die Deutsche Dogge oft die Rolle des sanften Riesen und gilt als ein liebevolles, treues Familienmitglied. Sie ist ein guter Wachhund; der bloße Anblick dieses riesigen Tieres mit der breiten Brust jagt jedem Einbrecher kalte Schauer über den Rücken. Die Deutsche Dogge schüchtert zwar böse Jungs ein, aber für ihre Familie und Freunde ist sie ein verspielter – wenn auch etwas tolpatschiger – Geselle.

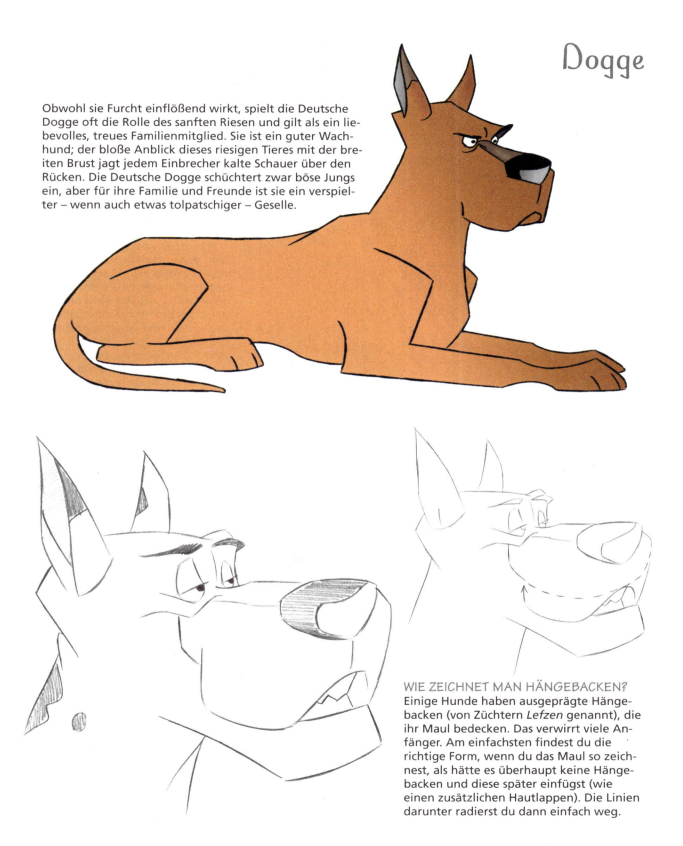

WIE ZEICHNET MAN HÄNGEBACKEN?
Einige Hunde haben ausgeprägte Hängebacken (von Züchtern *Lefzen* genannt), die ihr Maul bedecken. Das verwirrt viele Anfänger. Am einfachsten findest du die richtige Form, wenn du das Maul so zeichnest, als hätte es überhaupt keine Hängebacken und diese später einfügst (wie einen zusätzlichen Hautlappen). Die Linien darunter radierst du dann einfach weg.

Mastiff

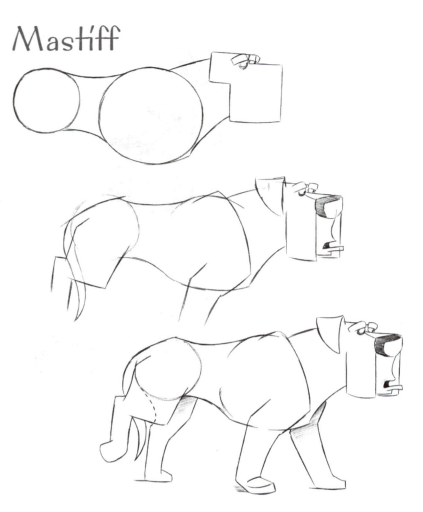

Der Mastiff ist ein kräftig gebauter Hund, der ursprünglich für die Jagd gezüchtet wurde, aber auch ein liebevoller Haushund ist. Seine typischen Merkmale sind ein großes Maul mit Unterbiss und Hängebacken. Er hat eine faltige, flache Stirn und kurze Hängeohren. Die Haut sitzt locker und hat viele Falten, besonders um den Hals herum. Die Pfoten sind eher dick und die Beine recht stämmig.

In Cartoons werden größere Hunde wie der Mastiff und die Dogge oft als eher träge dargestellt – lieb, aber begriffsstutzig. Je kleiner der Hund ist, desto quirliger ist seine Persönlichkeit; je größer er ist, um so fügsamer wird er.

Deutscher Schäferhund

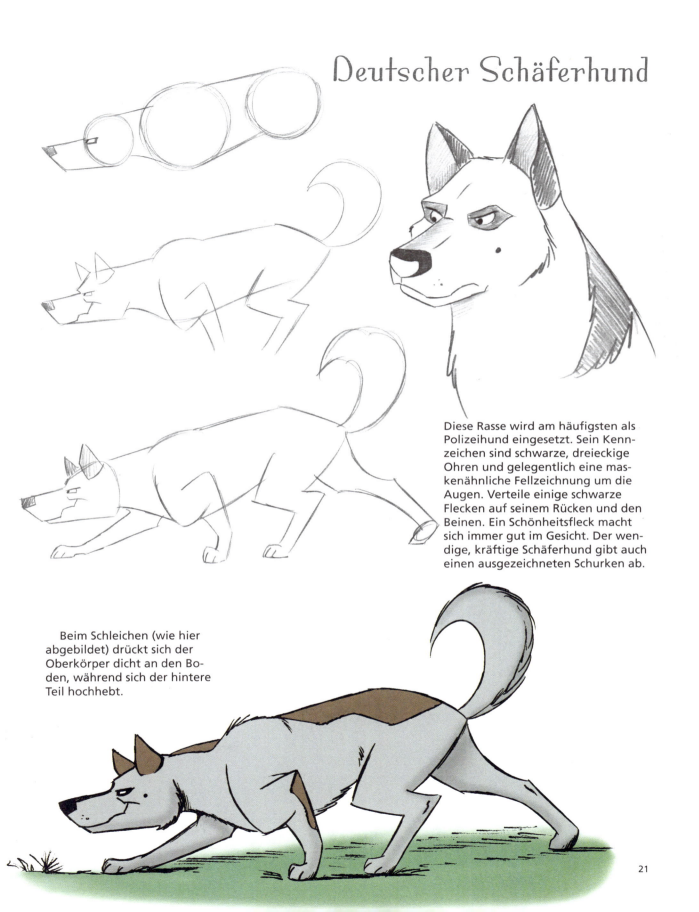

Diese Rasse wird am häufigsten als Polizeihund eingesetzt. Sein Kennzeichen sind schwarze, dreieckige Ohren und gelegentlich eine maskenähnliche Fellzeichnung um die Augen. Verteile einige schwarze Flecken auf seinem Rücken und den Beinen. Ein Schönheitsfleck macht sich immer gut im Gesicht. Der wendige, kräftige Schäferhund gibt auch einen ausgezeichneten Schurken ab.

Beim Schleichen (wie hier abgebildet) drückt sich der Oberkörper dicht an den Boden, während sich der hintere Teil hochhebt.

Bernhardiner

Der gutmütige Bernhardiner ist leicht an seinen großen Hängebacken zu erkennen. Er ist kein anmutiger Hund; seine Bewegungen sind ziemlich träge. Er sollte immer wohlgenährt und ein bisschen dumm aussehen. Gib deinem Bernhardiner eine große Nase. Seine Ohren sind eigentlich kürzer, als hier abgebildet, aber in Trickfilmen wird dieser Hund immer mit langen Ohren dargestellt.

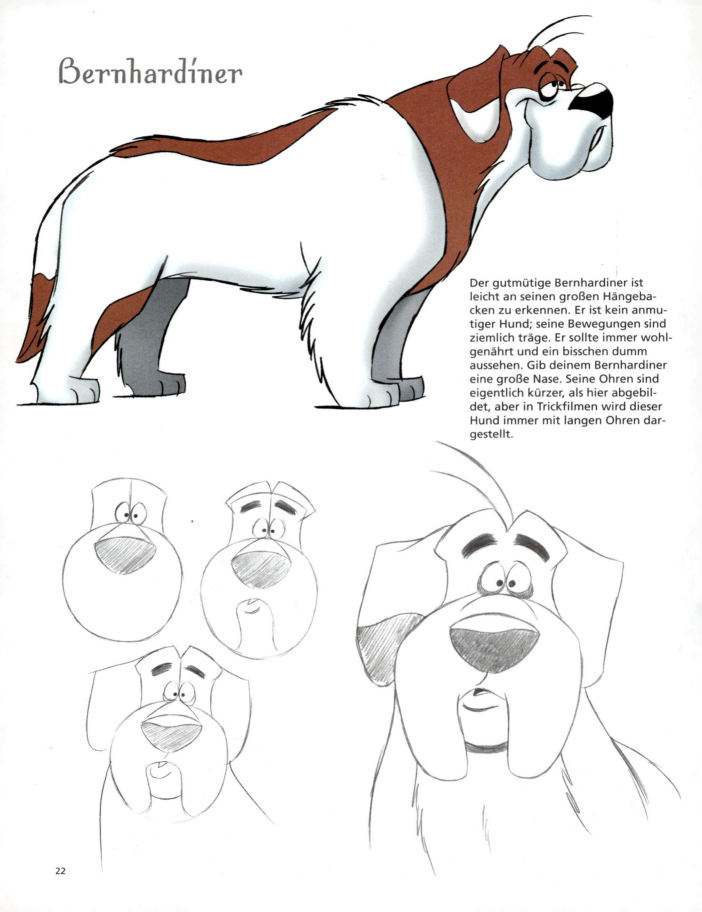

Malteser

Dieser Zwerghund hat sich völlig an das Leben drinnen angepasst. *Schoßhunde* sind verwöhnt und haben lächerliche Frisuren, die so lang sind, dass sie ständige Pflege brauchen. Gib ihnen als Accessoires Bänder oder Schmuck. Denke daran, blaue Schleifen sind für „Jungen", rote oder rosafarbene für „Mädchen". Der Schoßhund hat natürlich Hundekleidung vom Designer, da ihm schnell kalt wird. Das Männchen ist nicht mutig, aber meist mit einem größeren Hund zusammen, der sein Leibwächter oder Mentor ist. Das Weibchen ist eher auf dem Schoß seines Herrchens anzutreffen als im Garten.

Chihuahua

Die Azteken hielten Chihuahuas als Wachhunde, weshalb diese Kultur wohl auch so schnell unterging. Jedenfalls ist diese seltsame kleine Rasse in Trickfilmen und Cartoons recht beliebt.

Es gibt zwei Arten, einen Chihuahua darzustellen. Die erste – mit rundem Kopf und kurzer Schnauze – ist die genauere zeichnerische Umsetzung des Hundes. Achte darauf, dass seine Augen gern in entgegengesetzte Richtungen wandern. Die zweite Version zeigt den Hund als „kleinen Napoleon" – mit gewölbter Brust, furchtlos, zäh, aber trotzdem winzig! Das Lustige daran ist, dass dieser Hund wegen seiner geringen Größe alles fürchten sollte, du ihm aber die entgegengesetzte Persönlichkeit verleihst. Da ein Chihuahua vor allem sonderbar aussieht, betont diese Übertragung seine Merkwürdigkeit und verstärkt sie noch. Beachte: Zeichne große Ohren und winzige Pfoten bei beiden Varianten.

Bulldogge: Chef der bösen Jungs im Cartoon

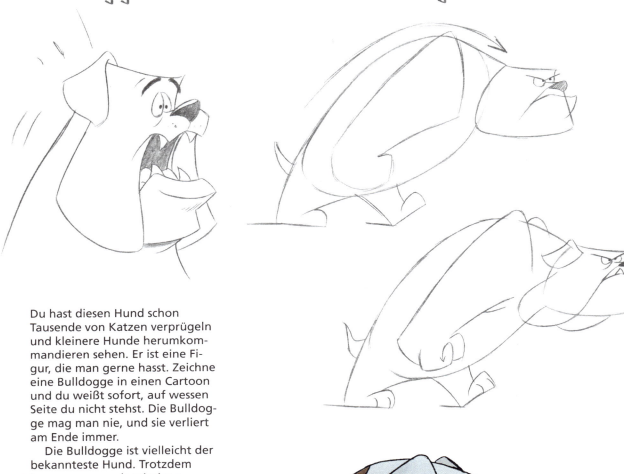

Du hast diesen Hund schon Tausende von Katzen verprügeln und kleinere Hunde herumkommandieren sehen. Er ist eine Figur, die man gerne hasst. Zeichne eine Bulldogge in einen Cartoon und du weißt sofort, auf wessen Seite du nicht stehst. Die Bulldogge mag man nie, und sie verliert am Ende immer.

Die Bulldogge ist vielleicht der bekannteste Hund. Trotzdem kann es wegen der riesigen Hängebacken schwierig sein, sie zu zeichnen. Beachte, dass die Hängebacken von der Nase ausgehen. Andere Merkmale der Cartoon-Bulldogge sind massive, faltige Augenbrauen und ein riesiges Kinn.

DER BULLDOGGEN-KÖRPER
Wird sie stehend dargestellt ist die Cartoon-Bulldogge ziemlich groß. Eine echte Bulldogge dagegen ist ein relativ kleines Tier. Die Cartoon-Bulldogge hat einen massiven Brustkasten und breite Schultern, aber nur kurze Hinterbeine. Das trägt dazu bei, dass der Hund nach vorne überhängt – er ist zu stark für sich selbst. Der winzige Schwanz ist kurz und krumm.

Bobtail

Ich zeige gern die Zähne, wenn ich das Gesicht zeichne. Da die Augen dieser Rasse verdeckt sind, ist jedes zusätzliche Detail willkommen.

Beginne mit einem nierenförmigen Körper. Übertreibe die Neigung des Rückens, sonst gelingt dir der Rumpf nicht. Da der Hund völlig von Fell bedeckt ist, sieht er schnell wie ein Klotz aus, wenn du schon nicht im Vorfeld etwas dagegen tust.

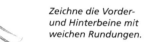

Zeichne bloß nie die Augen dieses Hundes! Sie sollten immer unter dem zotteligen Haar verborgen bleiben. Der Körper des Bobtails ist auch unter diesem zotteligen Fell versteckt. Allerdings wirkt die Zeichnung überzeugender, wenn du zuerst die grundlegende Struktur vorzeichnest.

Zeichne die Vorder- und Hinterbeine mit weichen Rundungen.

Füge unter dem Bauch zotteliges Fell hinzu.

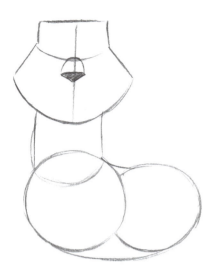

Exoten

Es gibt so viele Hunderassen, dass man manchmal denkt, es würden jeden Tag neue gezüchtet. Die wenigsten haben von den exotischen Rassen gehört, aber auch diese können genauso niedlich wie der Beagle oder die Deutsche Dogge sein. Wenn du einen einzigartigen Charakter schaffen willst, sieh dir einige der exotischeren Rassen an – besonders die aus anderen Ländern. Da viele diese Hunde nicht kennen, hast du beim Entwurf mehr Spielraum.

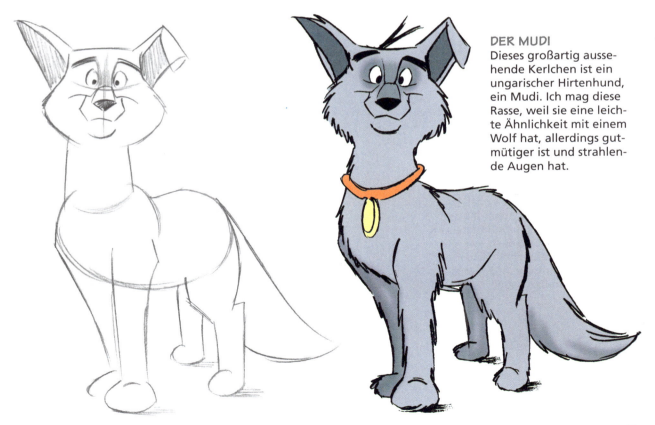

DER MUDI
Dieses großartig aussehende Kerlchen ist ein ungarischer Hirtenhund, ein Mudi. Ich mag diese Rasse, weil sie eine leichte Ähnlichkeit mit einem Wolf hat, allerdings gutmütiger ist und strahlende Augen hat.

DER KÖRPERBAU UND MEHR

Lass dich von der Anatomie nicht einschüchtern. Wenn du mehr über das Zeichnen gelernt hast, wirst du sie spielend meistern. Bis dahin erläutern dir die Skizzen in diesem Buch, wie Bewegungsabläufe funktionieren.

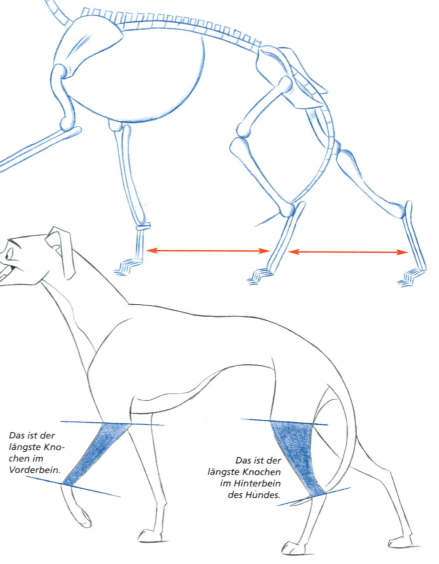

Ich habe einen Whippet aus der Familie der Windhunde ausgesucht, um den Grundaufbau der Knochen zu zeigen. Er ist ein schlanker und geschmeidiger Hund, da sein Skelett nicht von Fett oder Fell verdeckt wird.

Es gibt ein paar grundsätzliche Dinge, auf die man achten muss, wenn man ein Hundeskelett studiert. Beachte, wie die Form der Schultern, des Brustkastens und der Vorder- und Hinterbeine des Hundes alle vom Knochenbau bestimmt werden. Im Vergleich des Skeletts mit dem fertigen Hund kannst du erkennen, wie das Schulterblatt und die Wirbel hervorstehen und die Ausbuchtung am Halsansatz des Hundes verursachen. Die roten Pfeile vergleichen die Höhe der „Ferse" mit der des „Handgelenks". Wie du siehst, ist beim Hund die Ferse höher als das Handgelenk. Achte darauf in deiner Zeichnung. Siehst du auch, wie der Fersenknochen absteht? Deswegen scheinen die Hinterbeine eines Hundes immer herauszuragen.

Das ist der längste Knochen im Vorderbein.

Das ist der längste Knochen im Hinterbein des Hundes.

Die Gelenke beim Hund

Hunde laufen nicht auf ihren „Händen" und „Füßen", sondern auf Fingern und Zehen. Ihre Ferse (der Teil, von dem die meisten Leute *fälschlicherweise* denken, es sei ein nach hinten weisendes Knie) zeigt in die Luft, wenn sie laufen oder stehen. Am einfachsten versteht man den Aufbau der Gelenke beim Hund, indem man sie mit denen eines Menschen vergleicht, der in derselben Haltung steht. Die Abbildung hier zeigt genau, wie Menschen laufen müssten, wenn sie Hunde wären.

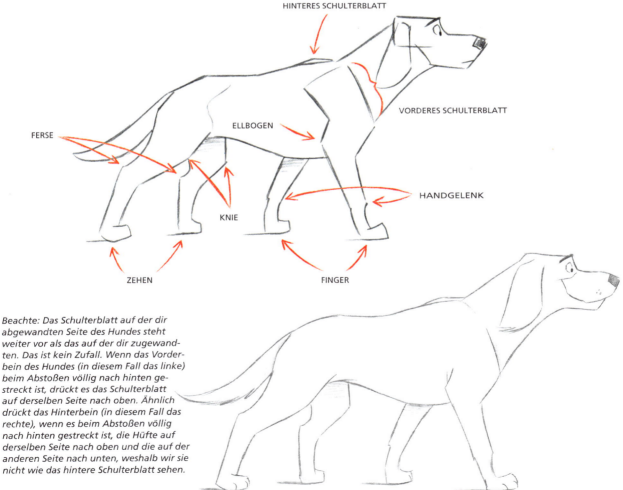

Beachte: Das Schulterblatt auf der dir abgewandten Seite des Hundes steht weiter vor als das auf der dir zugewandten. Das ist kein Zufall. Wenn das Vorderbein des Hundes (in diesem Fall das linke) beim Abstoßen völlig nach hinten gestreckt ist, drückt es das Schulterblatt auf derselben Seite nach oben. Ähnlich drückt das Hinterbein (in diesem Fall das rechte), wenn es beim Abstoßen völlig nach hinten gestreckt ist, die Hüfte auf derselben Seite nach oben und die auf der anderen Seite nach unten, weshalb wir sie nicht wie das hintere Schulterblatt sehen.

Mit Hilfe des Skeletts Umrisse verstehen

An der Oberfläche der Form des Hundes siehst du Umrisslinien um die Hüften und Schultern.

„Aber wofür stehen sie, und wie weiß ich, wo sie zu zeichnen sind?" wirst du fragen.

Die Antwort ist, dass die Umrisslinien in etwa dem Skelett folgen.

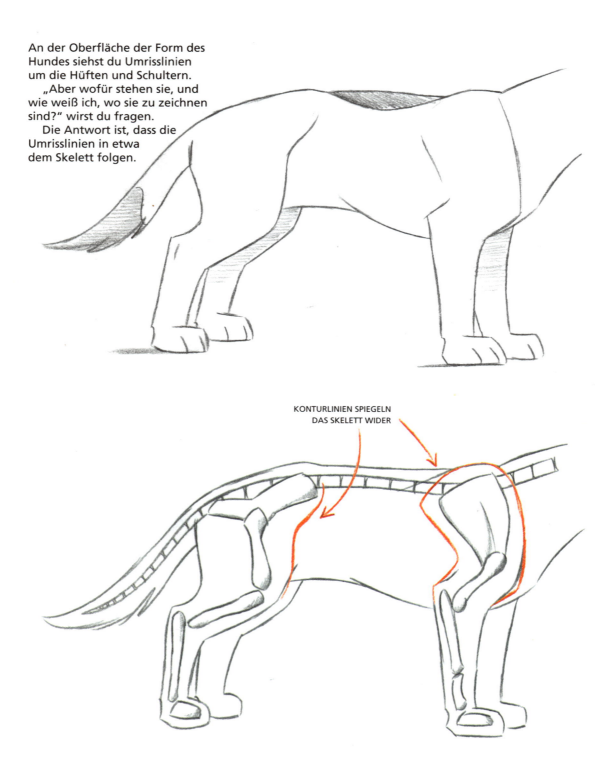

KONTURLINIEN SPIEGELN DAS SKELETT WIDER

Der Knochenaufbau

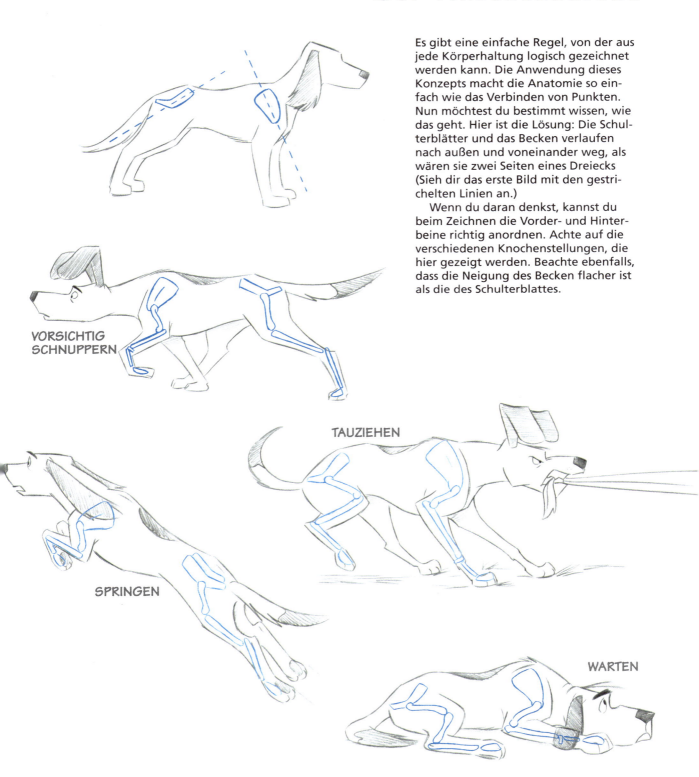

Es gibt eine einfache Regel, von der aus jede Körperhaltung logisch gezeichnet werden kann. Die Anwendung dieses Konzepts macht die Anatomie so einfach wie das Verbinden von Punkten. Nun möchtest du bestimmt wissen, wie das geht. Hier ist die Lösung: Die Schulterblätter und das Becken verlaufen nach außen und voneinander weg, als wären sie zwei Seiten eines Dreiecks (Sieh dir das erste Bild mit den gestrichelten Linien an.)

Wenn du daran denkst, kannst du beim Zeichnen die Vorder- und Hinterbeine richtig anordnen. Achte auf die verschiedenen Knochenstellungen, die hier gezeigt werden. Beachte ebenfalls, dass die Neigung des Becken flacher ist als die des Schulterblattes.

VORSICHTIG SCHNUPPERN

TAUZIEHEN

SPRINGEN

WARTEN

Wie ein Hund geht

Wenn du einen Hund beim Gehen zeichnen willst, kannst du jeden Abschnitt aus dieser Bilderfolge als Ausgangspose verwenden. Wenn du jedoch den vollen Gehablauf verstehen möchtest, ist es gar nicht so schwierig, wie es aussieht – wenn du erst einmal weißt, worauf du achten musst. Und es ist wie Fahrrad fahren: Wenn du es einmal kannst, verlernst du es nicht mehr.

Zuerst hebt der Hund ein Hinterbein. Sobald dieses auf dem Boden aufsetzt, bewegt er das Vorderbein auf *derselben* Seite einen Schritt vorwärts. So einfach ist das. Erst das Hinterbein, dann das Vorderbein auf derselben Seite. Dann das Hinterbein und das Vorderbein auf der anderen Seite. Achte immer nur auf eine Seite und nicht gleichzeitig auf alle vier Beine. Versuche, dir den Ablauf als Trickfilm vorzustellen, als typischen Zeichentrick-*Gehzyklus.* Das bedeutet, dass Bild Nummer 6 wieder zu Bild Nummer 1 führt und sich der ganze Ablauf wiederholen kann.

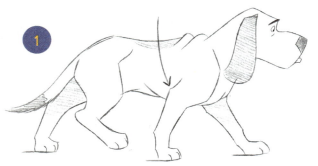

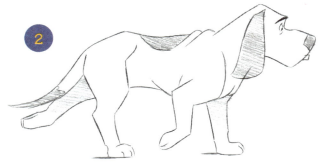

Wenn das Vorderbein nach hinten gestreckt ist, liegt der „Ellbogen" höher als der Brustkasten. Wenn es vor dem Hund ausgestreckt ist, liegt der Ellbogen tiefer (siehe Zeichnung 4).

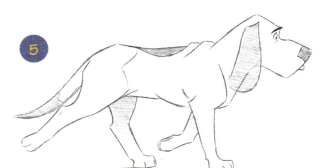

Wie ein Hund läuft

Das Aufsetzen der Füße ändert sich, wenn der Hund läuft. Der Hundelauf unterscheidet sich jedoch von einer Katze oder einem Pferd. Wenn Hunde laufen, setzen sie ihre Füße nacheinander auf – entweder im Uhrzeigersinn oder entgegen. Das hier abgebildete Beispiel zeigt eine Bewegung im umgekehrten Uhrzeigersinn. Wenn ein Hund also seinen Lauf beginnt (im *Galopp*), indem er auf seinem rechten Vorderbein landet, setzt er als nächstes sein linkes Vorderbein auf, dann sein linkes Hinterbein und danach sein rechtes. Der Ablauf wiederholt sich und wird *Rotationsgalopp* genannt. Du kannst überall in der Abfolge beginnen, solange du bei einer Uhrzeigerrichtung bleibst.

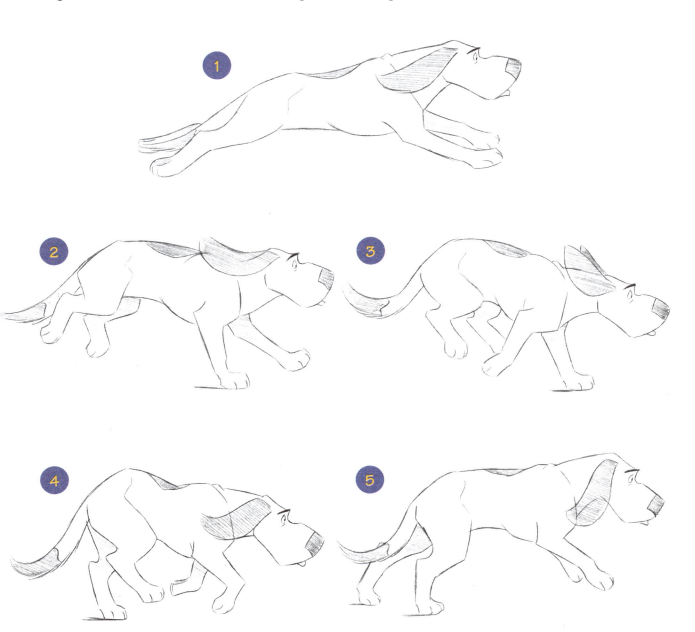

Realistischer Lauf vs. Cartoonlauf

REALISTISCHER LAUF
Je verrückter die Cartoonfigur ist, desto erfinderischer kannst du bei der Darstellung der Gangart werden. Du musst die Regeln nicht befolgen, das ist sogar oft wirkungsvoller. Pass aber auf, dass die von dir gewählte Gangart auch mit deinem entworfenen Charakter übereinstimmt. Der Galopp dieses Windhunds ist richtig gezeichnet – zu einem bestimmten Zeitpunkt beim Galopp hat ein Hund alle Beine unter seinem Körper.

VERRÜCKTER LAUF
Dieser verrückte Hund läuft auf eine völlig erfundene, blödsinnige Weise, die aber viel besser zu seiner Erscheinung passt. Alberne Gangarten stellen den Hund meist so dar, dass die Vorderbeine den Boden gleichzeitig berühren und die Hinterbeine dann ebenso. Es ist für einen echten Hund unmöglich, die Hinterbeine so hoch zu reißen, aber genau das wirkt so lustig.

Drücken und strecken

Wenn Hunde gehen, wiegen ihre Hüften und Schultern von links nach rechts, wobei sie die entgegengesetzten Seiten des Körpers zusammenziehen (drücken) und ausdehnen (strecken). Wenn du diese Bewegung in deinen Zeichnungen darstellst, sehen die Posen weder steif noch flach aus. Hier ist eine Faustregel: Die Schultern und Hüften eines Hundes bewegen sich in die Richtung des Beines, das nach hinten gestreckt ist. Das wirkt, als ob sich die vordere und die hintere Hälfte des Körpers voneinander wegbewegen. Sieh dir die Bilderfolge an, dann verstehst du es besser.

Hier zeigt das rechte Vorderbein des Hundes nach hinten; deswegen bewegen sich Kopf und Schultern des Hundes nach rechts. Das linke Hinterbein ist auch hinten, deshalb dreht sich die Hüfte nach links. Bei dieser Phase des Gangs ist die linke Seite des Körpers gestreckt, also „offen".

Hier ist das linke Vorderbein des Hundes hinten, was bedeutet, dass sich Kopf und Schultern nach links neigen. Das rechte Hinterbein ist hinten, also bewegen sich die Hüften nach rechts und erlauben uns einen Blick auf den Schwanzansatz. In dieser Zeichnung stehen das linke Vorder- und Hinterbein dicht beieinander und drücken Rippen und Hüften in eine „geschlossene" Stellung.

Fließende Linien

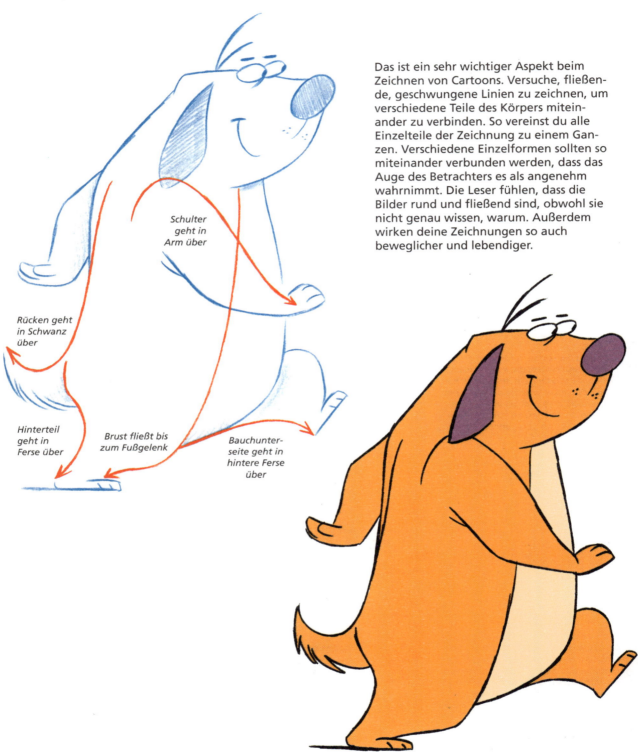

Das ist ein sehr wichtiger Aspekt beim Zeichnen von Cartoons. Versuche, fließende, geschwungene Linien zu zeichnen, um verschiedene Teile des Körpers miteinander zu verbinden. So vereinst du alle Einzelteile der Zeichnung zu einem Ganzen. Verschiedene Einzelformen sollten so miteinander verbunden werden, dass das Auge des Betrachters es als angenehm wahrnimmt. Die Leser fühlen, dass die Bilder rund und fließend sind, obwohl sie nicht genau wissen, warum. Außerdem wirken deine Zeichnungen so auch beweglicher und lebendiger.

Schulter geht in Arm über

Rücken geht in Schwanz über

Hinterteil geht in Ferse über

Brust fließt bis zum Fußgelenk

Bauchunterseite geht in hintere Ferse über

Die Handlungslinie

Wenn ich einen Mangel in den Skizzenbüchern angehender Zeichner finde, ist es meistens der, dass die Zeichnungen die Bewegung nicht ausreichend vermitteln. Die Künstler haben hart an Augen, Kopf, Muskeln usw. gearbeitet, aber die Zeichnungen haben keinen *Pep*. Ihnen fehlt die *Richtung*. Die Figuren sind nur eine Summe von Körperteilen und wirken steif. Sicher ist es wichtig, diese Einzelteile gut zu zeichnen. Aber die Einzelteile brauchen einen Gesamtrahmen, der sie zusammenhält. Hier kommt die Handlungslinie ins Spiel.

HANDLUNGSLINIE

Beginne deine Zeichnung mit einer einzelnen Linie, die in die Grundrichtung der gewünschten Pose verläuft. Selbst wenn eine Figur nur sitzt oder steht, ist die Handlungslinie ein lebenswichtiger Bestandteil der Zeichnung. Zeichne deine Figur entlang der Handlungslinie und achte darauf, dich an diese Grundrichtung zu halten. Die Handlungslinie kann gerade oder geschwungen sein; das hängt von der Haltung ab. Hier sind einige Beispiele.

Der Verlauf der Wirbelsäule

Die Wirbelsäule eines Hundes liegt sehr dicht unter seiner Haut und kann sich folglich teilweise darunter abzeichnen. Indem du die Krümmung der Wirbelsäule zeichnest, verstärkst du den Eindruck eines runden Hunderückens.

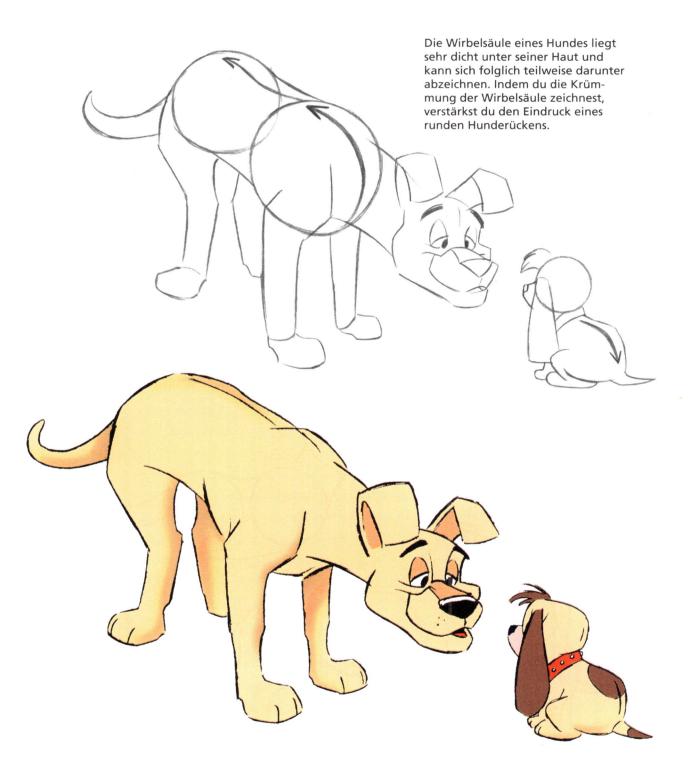

WELPEN

Es gibt nichts süßeres als einen verspielten Welpen. Aber wie lässt man einen kleinen Hund niedlich aussehen? Die Antwort liegt im Aufbau des Kopfes. Indem du einige kleine Anpassungen vornimmst, erhältst du eine Form, die den Betrachter anspricht. Vergleiche hier die Unterschiede.

HUND
Der Kopf des erwachsenen Hundes ist lang und nicht sehr hoch. Der Hals ist dick. Der Hinterkopf geht in den Hals über. Das Kinn zeichnet sich klar ab, obwohl es schmal ist.

WELPE
Der Kopf des Welpen ist kurz und ziemlich hoch. Der Abstand vom Maul bis zur Oberseite des Kopfes ist viel größer als beim erwachsenen Hund. Der Nasenrücken ist kurz. Der Hals ist viel dünner, weil die Muskeln noch nicht ausgebildet sind. Der Hinterkopf ist rund und steht vom Hals ab. Im Verhältnis zur Kopfgröße sind die Ohren viel größer als bei einem erwachsenen Hund. Und die Nase ist kleiner. Der Welpe hat praktisch kein Kinn, und die ganze Erscheinung ist runder und weicher.

Übertreibe die Hügel und Täler auf dem Rücken des Welpen. Achte darauf, wie der Brustkorb eine anmutige Linie bildet, die in den Bauch übergeht.

WELPENKÖRPER IM VERGLEICH ZUM HUNDEKÖRPER
Der Körper eines Welpen ist nicht einfach eine kleinere Version des erwachsenen Hundes. Seine Proportionen sind anders verteilt. Beachte, wie dicht die beiden Kreise beim Welpen beieinander stehen und im Vergleich dazu die Kreise beim ausgewachsenen Hund. Die Beine eines Welpen sind auch dicker als die eines ausgewachsenen Hundes, und seine Pfoten sind ziemlich groß. Der Hals eines Hundes ist lang, während der eines Welpen noch kurz ist. Beim Welpen ist der Schwanz auch stets kurz.

40

Die Sitzposition

Die aufmerksame Sitzposition ist eine besonders niedliche Pose für einen Welpen, wie dieser kleine Beagle hier vorführt.

FALSCH
Für einen Hund ist es körperlich unmöglich, den Rücken beim Sitzen nach innen zu biegen.

RICHTIG
Das ist die richtige Haltung: Der Rücken ist nach außen gewölbt.

Der laufende Welpe

Durch die Rundungen ist es einfacher, einen Welpen als einen ausgewachsenen Hund zu zeichnen. Beachte, wie die Ohren beim Laufen nach hinten flattern. Ein Welpe läuft überschwenglich und schlaksig.

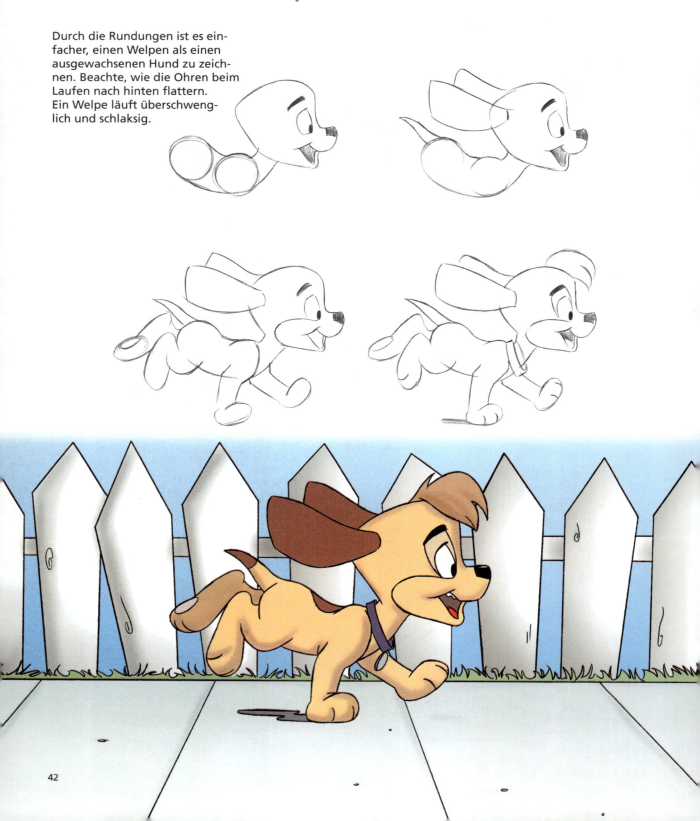

Verschiedene Welpen

Unter Beibehaltung des Grundaufbaus kannst du die spezifischen Merkmale wie Ohren, Frisur, Augen und so weiter ändern, um viele verschiedene Typen von Welpen zu zeichnen.

DER BOSHAFTE WELPE
Der Körper eines stehenden Welpen basiert auf einem birnenförmigen Rumpf.

Die Pfeile zeigen die Mittellinie an, die über die Stirn bis zum Kiefer verläuft.

DER TYRANN
Die kleine Bulldogge ist eine tolle Figur – und genauso unangenehm wie eine ausgewachsene. Beachte die nach innen gedrehten Vorderpfoten, die es nur bei der Bulldogge gibt. Die Brust ist breit, beachte aber, wie viel größer der Kopf im Verhältnis zum Körper sein muss, damit das Ganze nach einem Welpen aussieht. Bulldoggen haben riesige Kiefer, aber wenn sie bei diesem Welpen noch größer wären, würde er wie ein Erwachsener aussehen. Der Schädel eines Welpen muss immer viel größer sein als seine Kiefer.

DER SCHLAUE WELPE
Eine große eingefasste Brille erweckt den Eindruck einer klugen Figur. Solche Schlaumeier haben meistens eine hohe Denkerstirn, hinter der sich jede Menge Grips verbirgt. Schlaue Figuren sind im Cartoon immer von schwächlicher Statur.

Babyhunde zeichnen

Babys sind großartige Figuren in Cartoons. Hundebabys sind da keine Ausnahme. Sie sind oft unglaublich laute – manchmal verzogene – Schreihälse, die jeden wachen Augenblick ihrer Eltern beherrschen.

Hundebabys werden anders gezeichnet als Welpen. Meist sind ihre Ohren im Vergleich zu den langen Welpenohren merklich kürzer. Der Körper ist im Vergleich zum Kopf sehr klein. Babyhunde werden meistens voll bekleidet (immer mit Windeln) und mit Accessoires, Flaschen, Bändern, Rasseln usw. gezeichnet.

GROSSER HINTERKOPF
KLEINE OHREN
RIESIGE STIRN
KLEINER KIEFER
GAR KEIN HALS
GROSSER HOSENBODEN UND KLEINER SCHWANZ
KURZE DICKE FÜSSE

Mischlinge

Viele beliebte Cartoonfiguren sind Mischlinge, entweder als Welpen oder als ausgewachsene Hunde. Es gibt keine Regeln für das Zeichnen von Mischlingen. Du kannst etwas ganz Ungewöhnliches schaffen oder einen verwahrlosten Durchschnittshund. Wenn Leute an Mischlinge denken, kommt ihnen gewöhnlich ein mittlerer bis kleiner Hund in den Sinn. Mischlinge werden auch für verspielte und oft listige Tiere gehalten. Sie stromern durch dunkle Gassen, machen „Schaufensterbummel" durch Mülltonnen und flirten bei jeder Gelegenheit.

Dein Zeichenstil kann bei Mischlingen sehr karikierend werden. Ein großer Ring um ein Auge ist eine typische Fellzeichnung für einen Cartoonhund. Die schwarzen Augen und die schwarze Schwanzspitze machen einen ansonsten völlig weißen Hund abwechslungsreicher. Fellmuster sind für Mischlinge genauso wichtig wie für Rassehunde. Aber bei Mischlingen hängen die Fellzeichnungen ganz von deiner Fantasie ab. Sie verleihen deinen Hunden Charakter. Jeder Hund oder Welpe, der keiner ausgewiesenen Rasse angehört, ist ein Mischling.

WÖLFE

Wölfe sind seit Jahrhunderten als Märchenfiguren beliebt, und es überrascht nicht, dass sie ein fester Bestandteil von Trickfilmen sind. Sie üben eine Faszination auf den Menschen aus, der vor mehr als 10.000 Jahren begann, sie zu zähmen. Alle Hunde, ob groß oder klein, stammen vom Wolf ab.

Ich zeichne sie gern, weil sie unglaublich vielseitige Figuren abgeben. Sie können die Bösesten aller Tiere sein, verrückte Cartoonfiguren oder witzige Intellektuelle. Wölfe mimen aber meistens die Schurken.

Vergleicht man Wolf, Fuchs und Hund, hat der Wolf die Größe eines großen Hundes. Er hat längere Beine als der Hund und ist schlaksiger. Ein Wolf ist niemals rundlich – nicht einmal in Cartoons. Sein Schwanz hängt knapp über dem Boden, und der Nasenrücken ist länger als beim Hund. Er ist pelziger und hat lange spitze Ohren. In Cartoons zeichnen sich oft die Beckenknochen (Hüften) unter der Haut ab, um zu zeigen, dass der Wolf dürr und somit hungrig und gefährlich ist. Ein Fuchs hat ein schmaleres Maul als ein Wolf oder ein Hund und ein breiteres Gesicht. Sein Schwanz ist lang und buschig. Er hat feine Gliedmaßen mit winzigen Pfoten und ist kleiner als der Hund und der Wolf. Er hat auch eine andere Fellzeichnung an den Beinen.

Das Knurren

Es gibt nichts Furcht erregenderes, als einem Wolf zu begegnen, der die Zähne fletscht.

SEITENANSICHT
Von der Seite her ist das Zahnfleisch über den Backenzähnen zu sehen (Durch eine kleine Lücke zwischen den Zahnreihen sieht sie nicht wie eine einzige weiße Masse aus). Der Höcker im Nasenrücken mit ein wenig zersaustem Fell lässt den Wolf besonders grimmig wirken.

VORDERANSICHT

Beginne mit der Grundform des Wolfskopfes. Zeichne Hilfslinien und platziere den Nasenrücken wie beim Hund an der Schnittstelle der Hilfslinien. Achte darauf, dass die Augenbrauen Verlängerungen der Linien sind, die den Nasenrücken bilden. Beachte auch, dass die Augen hier dichter beieinanderstehen als bei einem Hund.

Füge die Ohren hinzu, die nahezu perfekte Dreiecke sind. Das Maul hat dieselbe Form wie beim Hund. Lass jedoch genug Platz für die Zähne. Das hervorstehende Kinn wird breiter als beim Hund.

Füge die obere und untere Zahnreihe hinzu, die wie die Finger zweier Hände ineinander greifen. Zeichne auch die wichtigen Falten auf dem Nasenrücken und kräusele das Fell ein wenig. Gib den Blick auf das Zahnfleisch frei und füge dunkle Ringe unter den Augen hinzu.

Der Wolf im Winter

Wölfe können gut in der bitteren Kälte der Wildnis leben. Weite, schneebedeckte Täler geben großartige Szenen ab – wegen der ständig lauernden Gefahren: der Kälte und dem Hunger.

    Beobachte, wie langsam sich dieser Wolf durch den Schnee zu bewegen scheint. Du *fühlst* richtig, wie das Tier mit großer Mühe weiterstapft. Wie erreichst du dieses Gefühl in deiner Zeichnung? Natürlich ist der Hintergrund wichtig sowie der wirbelnde Wind und die Tatsache, dass der Wolf knöcheltief im Schnee steckt. Die *Körperhaltung* ist jedoch noch viel wichtiger. Der Kopf ist tief gesenkt, und die Augen sind wegen der gnadenlos peitschenden Windböen fest geschlossen. Am ganzen Körper wird das Fell in einem fast schon horizontalen Winkel vom Wind in *dieselbe* Richtung geweht. Außerdem sind die Schritte des Wolfes lang, dadurch wirkt er langsam. Zuletzt wird auch der Schwanz vom Wind durchgepustet.

Der niederträchtige Wolf

Wölfe können herrlich finster lächeln, fast schon so, als ob sie in ihre eigene Niederträchtigkeit verliebt wären.

Übertreibe die schmale Taille, damit das Tier mager und schäbig aussieht. Übertreibe auch die Länge von Maul und Ohren. Zeichne die langen Beine in einem schwungvollen Bogen.

Fange genau wie beim Hundekörper mit Kreisen für den Brustkasten und das Hinterteil an.

Ein böses Glitzern in den Augen ist sehr wichtig. Achte auf die Fellbüschel auf dem Rücken, die ihn wilder als einen Haushund aussehen lassen.

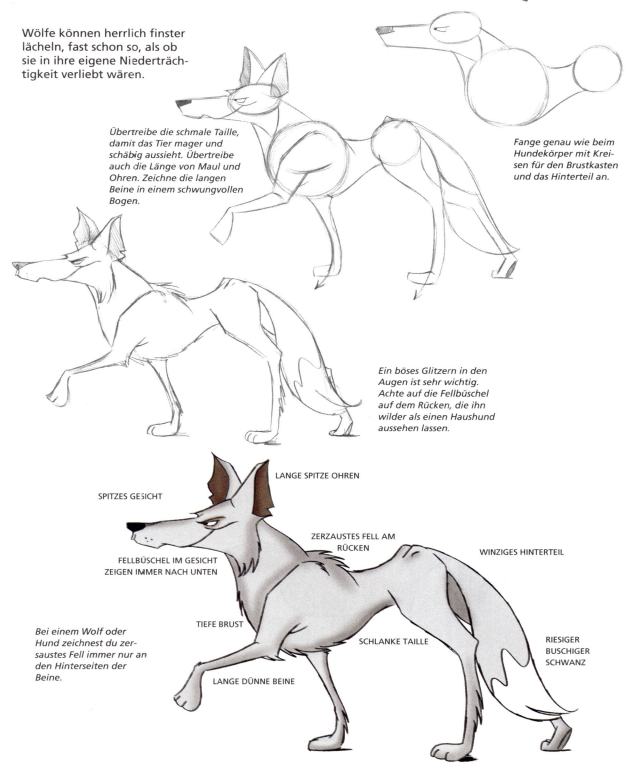

SPITZES GESICHT
LANGE SPITZE OHREN
ZERZAUSTES FELL AM RÜCKEN
WINZIGES HINTERTEIL
FELLBÜSCHEL IM GESICHT ZEIGEN IMMER NACH UNTEN
TIEFE BRUST
SCHLANKE TAILLE
RIESIGER BUSCHIGER SCHWANZ
LANGE DÜNNE BEINE

Bei einem Wolf oder Hund zeichnest du zersaustes Fell immer nur an den Hinterseiten der Beine.

Der räudige Wolf

Deute für einen räudigen Wolf mit ein paar Linien die Rippen an. Man sieht nicht nur die Beckenknochen durch die Haut, auch beide Schulterblätter sollten aus dem Rücken herausragen. Der Hals sinkt zwischen den Schulterblättern ab. Zeichne die Pfoten länger und die Beine dünner, als du es normalerweise tun würdest – der Kontrast lässt den Wolf noch dürrer wirken. Lass die Haarbüschel nicht die knochigen Knie und Vorderbeine verdecken.

BEIDE SCHULTERBLÄTTER ZEICHNEN SICH UNTER DER HAUT AB

Der stehende Wolf

Nicht alle Wölfe sind bedrohlich. Einige sind ein bisschen schusselig. Ein stehender Wolf ist ein gutes Beispiel dafür. Er hat eine menschliche Körperhaltung und Hüften, die breiter als die Brust sind. Eine Gestalt mit einer derartigen Figur jagt niemandem Angst ein.

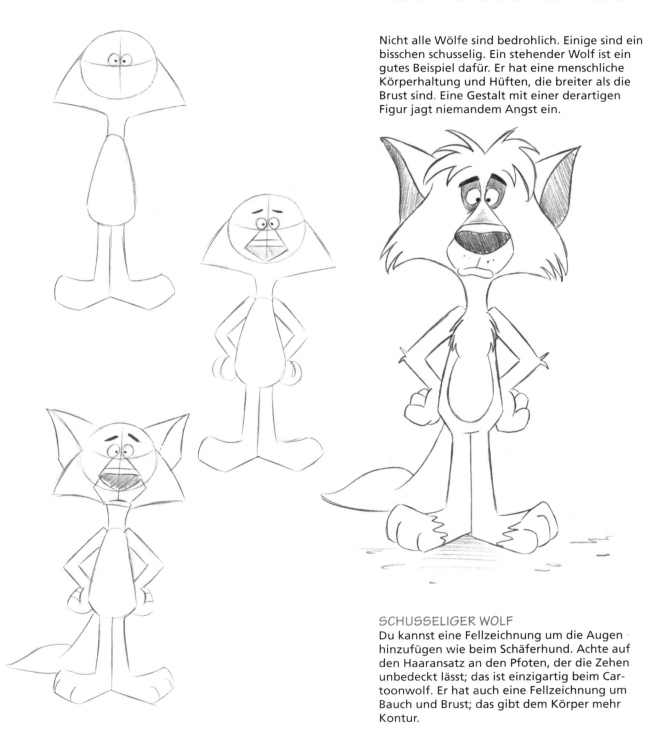

SCHUSSELIGER WOLF
Du kannst eine Fellzeichnung um die Augen hinzufügen wie beim Schäferhund. Achte auf den Haaransatz an den Pfoten, der die Zehen unbedeckt lässt; das ist einzigartig beim Cartoonwolf. Er hat auch eine Fellzeichnung um Bauch und Brust; das gibt dem Körper mehr Kontur.

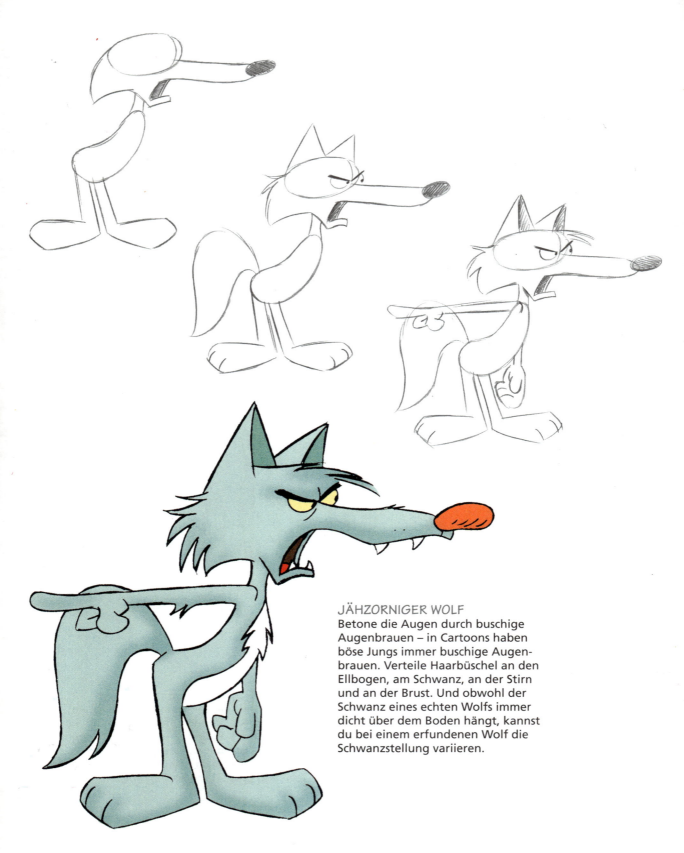

JÄHZORNIGER WOLF
Betone die Augen durch buschige Augenbrauen – in Cartoons haben böse Jungs immer buschige Augenbrauen. Verteile Haarbüschel an den Ellbogen, am Schwanz, an der Stirn und an der Brust. Und obwohl der Schwanz eines echten Wolfs immer dicht über dem Boden hängt, kannst du bei einem erfundenen Wolf die Schwanzstellung variieren.

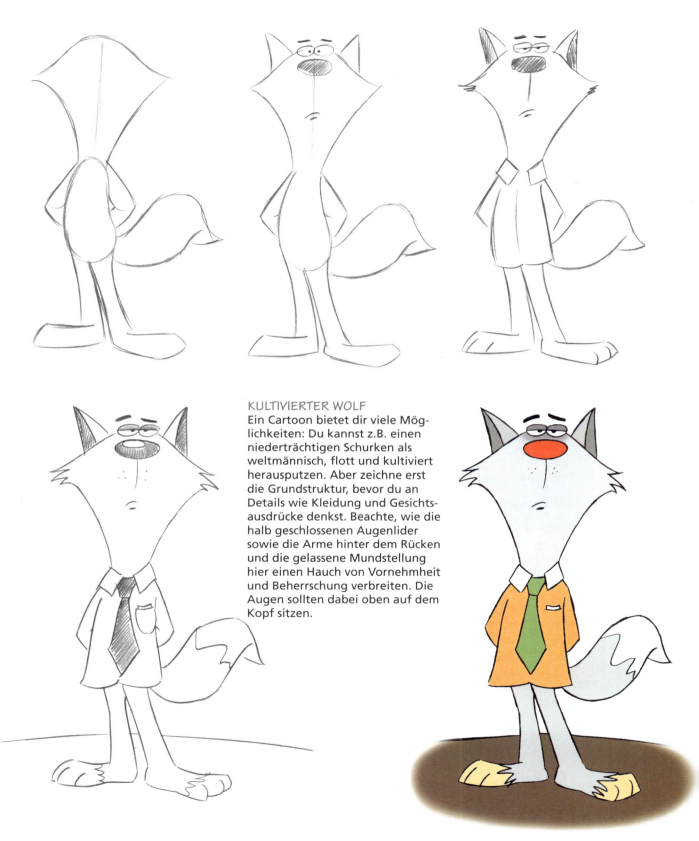

KULTIVIERTER WOLF

Ein Cartoon bietet dir viele Möglichkeiten: Du kannst z.B. einen niederträchtigen Schurken als weltmännisch, flott und kultiviert herausputzen. Aber zeichne erst die Grundstruktur, bevor du an Details wie Kleidung und Gesichtsausdrücke denkst. Beachte, wie die halb geschlossenen Augenlider sowie die Arme hinter dem Rücken und die gelassene Mundstellung hier einen Hauch von Vornehmheit und Beherrschung verbreiten. Die Augen sollten dabei oben auf dem Kopf sitzen.

UND NUN EINIGE VERRÜCKTE FIGUREN

Nachdem du die Grundlagen des Zeichnens von Figuren jetzt kennst, gibt es ein paar weitere Techniken und Tricks, mit denen du deinen Cartoons mehr Pfiff verleihen kannst. Ob es nun eine Frisur oder Kleidung oder die Verbesserung deines Zeichenstils ist, du kannst die Wirkung deiner Figuren immer weiter verbessern.

Der menschlichen Haltung angepasst

Wann solltest du einen Hund, Welpen oder Wolf auf allen Vieren zeichnen und wann aufrecht stehend wie einen Menschen? Wenn du einen tierischen Charakter auf allen Vieren zeichnest, unterscheidest du ihn dadurch von der Welt der Menschen.

Wird ein Hund jedoch an die aufrechte, zweibeinige Haltung eines Menschen angepasst, wird er den Menschen ebenbürtig.

CARTOONHUND
Es ist leicht, dieses kleine Kerlchen in eine zweibeinige Gestalt umzuwandeln, die wie ein Mensch aufrecht steht. Selbst in der vierbeinigen Hundestellung sieht man an den Beinen nicht alle Gelenke eines echten Hundes, so dass es keine allzu große Veränderung ist.

REALISTISCHER HUND
Dieser Hund ist zu realistisch gezeichnet, um ihn mit einer menschlichen Körperhaltung darzustellen. Um diesen Hund auf zwei Beinen aufrecht stehen zu lassen, musst du die Gelenkstruktur eines Hundes beibehalten. Dadurch wird Kleidung absolut notwendig, um den Hund doch noch menschlicher erscheinen zu lassen. Die aufrechte Haltung alleine reicht nicht aus.

Kleidung

Selten hat eine tierische Cartoonfigur auf allen Vieren Kleidung an. Ein Tier jedoch, das wie ein Mensch handelt und läuft, kann gut Kleidung tragen. Kleidung definiert die Rolle einer Figur. Die Persönlichkeit mag durch die Größe, Körperhaltung und den Gesichtsausdruck bestimmt sein, aber die Kleidung verrät uns, was sie macht.

Seine Kleidung verrät uns, dass dieser Hund ganz eindeutig ein Gesetzeshüter ist.

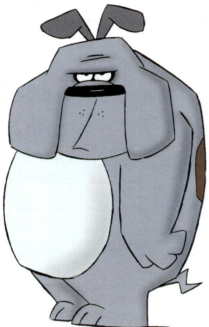

Die Bulldogge oben ist wie alle Bulldoggen offensichtlich ein zäher Kerl. Aber was tut er? Ist er Familienvater, Busfahrer oder Fußballtrainer? Ohne Kleidung gibt es einfach keine Möglichkeit, das zu erfahren. Die Bulldogge rechts ist eindeutig ein Türsteher, dem es keine Probleme bereitet, unerwünschte Gäste abzuweisen.

Accessoires und Kleidungsstücke

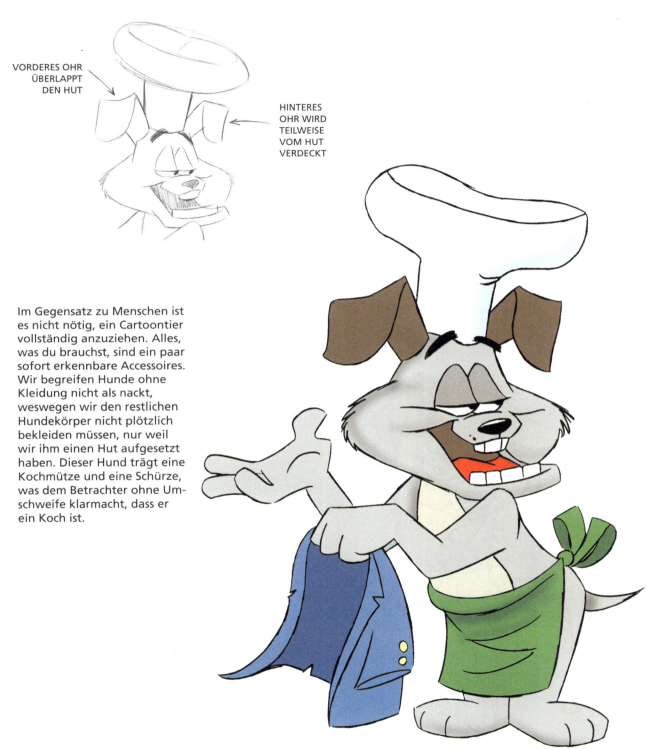

VORDERES OHR ÜBERLAPPT DEN HUT

HINTERES OHR WIRD TEILWEISE VOM HUT VERDECKT

Im Gegensatz zu Menschen ist es nicht nötig, ein Cartoontier vollständig anzuziehen. Alles, was du brauchst, sind ein paar sofort erkennbare Accessoires. Wir begreifen Hunde ohne Kleidung nicht als nackt, weswegen wir den restlichen Hundekörper nicht plötzlich bekleiden müssen, nur weil wir ihm einen Hut aufgesetzt haben. Dieser Hund trägt eine Kochmütze und eine Schürze, was dem Betrachter ohne Umschweife klarmacht, dass er ein Koch ist.

Frisur & Make-up

Frisuren lassen Cartoontiere noch viel menschlicher aussehen. Wenn du einen Haarschnitt zeichnest, beginne immer mit der normalen Kopfform und füge erst dann die Frisur hinzu. Verwechsle nicht die Form der Frisur mit der Form des Kopfes. Einige Frisuren bedecken die Ohren völlig, während andere die Ohren freilassen.

SÜSS UND JUNG
Die üppige Frisur dieses Welpen macht ihn zu einem menschenähnlichen Hundemädchen, das man sich gut in einer Schule, in der statt Kindern Hunde lernen, vorstellen kann.

OH, LÀ, LÀ
Weibliche Hunde können ebenso Make-up tragen wie Frauen. Und sie müssen das sogar, wenn sie attraktiv erscheinen sollen; sonst sehen sie zu sehr wie echte Hunde aus. Vergrößerte Lippen, ein Schönheitsfleck, starker Eyeliner, Augenbrauen und bemalte Augenlider sind nur einige Mittel, die Weiblichkeit einer Cartoonhündin zu verstärken. Schlanke Beine und zierliche Pfoten unterstreichen das noch. Eine Blume im Haar wirkt verführerischer als ein simples Band.

   Beachte hier, dass die langen, hängenden, weichen Ohren ein Teil der Frisur zu sein scheinen. Beim Zeichnen der Frisur musst du darauf achten, die Ohren mit einzubeziehen, falls die Haare die Ohren nicht verdecken.

Frisuren

SAUBERER SCHNITT

HIPPIE

TEENAGER

Du kannst für einen Charakter jede Frisur wählen, solange das Gesicht und die Merkmale (einschließlich des Make-ups bei Weibchen), die Kopfform, die Ohren und die Kleidung einen einheitlichen Stil haben.

TRENDIG

BUSCHIG

Zeichnen und Korrigieren

Das Korrigieren ist ein Teil des Zeichnen lernens. Versuche, einen objektiven Blick auf dein Werk zu werfen. Verliebe dich nicht in dein Bild, während du noch daran arbeitest. Nimm Änderungen vor. Experimentiere. Finde heraus, was nicht gut wirkt und korrigiere deinen Entwurf. Hier siehst du einige Phasen, die dieser Cowboy durchlaufen musste, um eine fertige Figur zu werden, und einige der Gedanken, die zu Verbesserungen geführt haben.

Gute Anfangsskizze. Ich mag die Figur, aber sie ist zu steif. Gesicht und Kleidung sind gut, aber der Körper hat keine Haltung, keinen Ausdruck.

1

Die typischen O-Beine helfen. Jetzt wird er langsam ein Cowboy. Aber diese müden Augen, die ich sehr mag, passen nicht zu der aggressiven, nach vorn geneigten Haltung. Und sein linkes Bein erscheint zu kurz.

2

Ich habe die Beine länger und dünner gezeichnet. Der Cowboy ist jetzt größer und schlanker. Und ich kann die O-Beine beibehalten, ohne die Füße so weit auseinander spreizen zu müssen. Aber die Hände scheinen ein wenig zu klein zu sein. Auch die Arme wirken ein bisschen zu dünn.

3

Genau so wollte ich es. Ich habe den Patronengürtel tiefer gelegt, sodass er stark nach einer Seite hängt, was mehr den Gewohnheiten der Revolverhelden im Westen entspricht. Für sich allein war keine der Veränderungen groß, aber die Summe aller bewirkt einen beeindruckenden Unterschied in der fertigen Zeichnung.

4

Jungen und Mädchen

Außer mit Hilfe von Bändern und Baseballmützen das Geschlecht anzuzeigen, solltest du bei einem männlichen oder weiblichen Hund auch deinen Zeichenstil ändern. Meist werden „Jungen" im Cartoon mit großen Nasen und runder gezeichnet, während „Mädchen" realistischer und kultivierter erscheinen. Die Ausnahmen davon bilden Cartoons über sehr junge Hunde – zwischen einem und sieben Menschenjahren. In diesen Fällen werden sowohl Mädchen wie Jungen im Cartoonstil dargestellt. Sobald sie jedoch alt genug sind, um dem anderen Geschlecht aufzufallen, werden die Weibchen attraktiver gezeichnet, während die Männchen weiter schlaksig erscheinen.

REGISTER

Anatomie, 28 ff.
argwöhnisch, 9

Babyhunde, 46
Bernhardiner, 22
besorgt, 9
beunruhigt, 9
Bobtail, 26
boshaft, 43
Bulldogge, 25, 58
buschig, 61

Chihuahua, 24
Chow Chow, 16
Cockerspaniel, 14
Collie, 17

Deutscher Schäferhund, 21
Dobermann, 18
Dogge, 19
drollig, 9

Frisuren, 60 f.

gehen, 32, 35
Geschlecht, 63
Gesichtsausdrücke, 9, 16, 43
glücklich, 9

Hängebacken, 19, 25
Hippie, 61
Hunde, 6 ff.
   Anatomie, 28 ff.

Ansichten, 11 ff.
gehen, 32, 35
Gesichtsausdrücke, 9
Kopf, 6 ff.
laufen, 33 f.
Linien, 36 ff.
menschliche Haltung, 57
Mischlinge, 47
Ohren, 10
Rassen, 14–27
Siehe auch Welpen

jähzornig, 54

Kleidung, 58 f.
Knochenstruktur, 28 ff.
Knurren, 49
Körperbau. *Siehe* Anatomie
Kopf, 6 ff., 40
korrigieren, 62
kultiviert, 55

lachend, 9
laufen, 33 f., 42
Linien
   fließende, 36
   Handlungs-, 37 f.
   Wirbelsäulen-, 39

Make-up, 60
Malteser, 23
Mastiff, 20
menschliche Haltung, 53, 57

Mudi, 27
Mischlinge, 47

niederträchtig, 51

Ohren, 10

Persönlichkeit, 16, 20, 43 ff., 54 ff.

sauberer Schnitt, 61
schlau, 45
schleichen, 21
schusselig, 53
sitzen, 41

Teenager, 61
Terrier, 15
teuflisches Grinsen, 9
trendig, 61
Tyrann, 44

verlegen, 9

Weibchen, 60, 63
Welpen, 40 ff.
   Babys, 46
   Kopf/Körper, 40
   laufende, 42
   Persönlichkeit, 43 ff.
   Siehe auch Hunde
   sitzende, 41
Whippet, 28
Wirbelsäulenlinie, 39
Wölfe, 48 ff.
   im Winter, 50
   Knurren, 49
   menschliche Haltung, 53
   niederträchtig, 51
   Persönlichkeiten, 53 ff.
   räudig, 52
wütend, 9

Zähne, gefletschte, 49